로직아이

샘

6 단계
파랑

펴내는 글 & 일러두기

로직 있는 아이를 위하여...

독서는 감동입니다. 감동은 집중력을 높여 줍니다. 어렸을 때 감동하면서 책을 읽은 아이들이 다른 일도 잘합니다.

독서는 핵심입니다. 핵심을 파악해야 발전합니다. 모든 사건에는 핵심이 있고 모든 일은 핵심을 중심으로 전개됩니다. 독서는 전체의 흐름과 핵심 파악에 도움을 줍니다.

독서는 꿈입니다. 독서는 꿈의 실현이 아니라 꿈을 꾸게 하는 다리입니다. 꿈을 꾸는 사람만이 꿈을 이룰 수 있습니다.

독서만이 미래이고 독서만이 희망입니다. 병들기 전에 병을 치료하는 일이 좋은 일이듯, 문제가 발생하지 않도록 하는 일이 중요합니다. 독서는 병들기 전에 치료하는 최고의 보약입니다.

〈로직아이〉는 모든 선생님과 학부모 그리고 대한민국 모든 아이들이 건강하고 행복하기를 기원합니다.

집필자들을 대신하여
(주) 로직아이 리딩교육원 원장 박우현

교재의 특징

▶ 이 교재는 독서지도 교재입니다. 그러나 이 교재의 사용은 자연스럽게 글쓰기 논술 실력도 늘게 합니다.
▶ 이 책에는 해당 책을 이용한 PSAT(공직 적격성 평가: 행정 고시, 기술 고시 1차 시험)와 LEET(사법 고시를 대신하는 법학 전문 대학원 입학시험 문제) 형식의 문제가 수록되어 있습니다. 아이들에게 대입 수능 시험 형식이나 고급 공무원 시험 형식에 대해 친근한 느낌을 갖게 할 것입니다.

교재 사용 방법

1. 이 교재를 사용하기 위해서는 반드시 가르치는 사람과 아이들은 해당 책을 읽어야 합니다. 그 후에 교재 속의 문제들을 풀면 그것만으로도 그 책을 다시 한번 읽는 셈이 됩니다.
2. 단계별로 구성되어 있기는 하지만 아이들의 성향이나 독서 능력에 따라 자유롭게 활용해도 무방합니다.
3. 각각의 교재는 6권의 책으로 구성되어 있지만, 그 순서는 교사나 학부모가 정할 수 있습니다. 아이들의 취향이나 선생님의 지도 방법에 따라 선택 지도할 수 있습니다.

〈감사의 말씀〉 이 교재 속에 수록된 텍스트와 이미지 사용을 허락해 준 모든 출판사에 감사드립니다.

목 차

갈매기에게 나는 법을
가르쳐준 고양이
4쪽

주식회사 6학년 2반
14쪽

애니캔
24쪽

무기 팔지 마세요!
34쪽

좋은 정치란 어떤 것일까요?
44쪽

사금파리 한 조각 1,2
54쪽

갈매기에게 나는 법을 가르쳐준 고양이

루이스 세뿔베다 글 | 유왕무 옮김, 이억배 그림 | 바다출판사

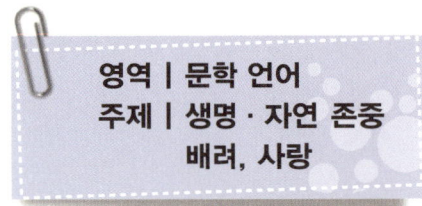

영역 | 문학 언어
주제 | 생명·자연 존중
배려, 사랑

1. 자연과 환경을 소중하게 여기는 마음을 느낄 수 있다.
2. 나와 다른 존재를 인정하고 포용하는 마음을 가질 수 있다.
3. 문학 작품 속에서 삶의 지혜를 배울 수 있다.

줄거리

갈매기 무리와 함께 비행하던 갈매기 켕가는 바다 기름을 뒤집어쓰고 항구에 추락한다. 켕가는 우연히 만난 고양이 소르바스에게 자신의 새끼에게 나는 법을 가르쳐 달라고 부탁한 후에 알을 낳고 죽는다. 소르바스는 그 약속을 지키기 위해 알을 품어 부화시키고 동료들과 함께 정성껏 아기 갈매기를 돌본다. 그러나 하늘을 날아 본 적이 없는 소르바스와 친구들은 아기 갈매기에게 나는 법을 가르치기 위해 온갖 방법을 연구한다. 고생 끝에 드디어 아기 갈매기는 밤하늘을 가르며 세차게 날갯짓한다.

도서 선정 이유

이 작품의 작가 루이스 세뿔베다는 그린피스 일원으로 활동한 전력이 있을 정도로 환경을 중시한다. 이 작품에서 그의 경험을 엿볼 수 있다. 우리는 이 이야기를 통해 환경 문제, 약속의 중요성 그리고 의사소통의 필요성을 배울 수 있다. 다른 동물과 한 약속을 지키기 위해 노력하는 과정과 동물들이 서로 화합해서 당면 문제를 해결해 나가는 과정이 인상적이다. 이와 더불어 바다를 오염시킨 사람들의 행동이 다른 생물들에게 어떤 영향을 끼치는지 생각하게 한다.

*이 단원에 나오는 그림들은 (주)로직아이에서 직접 그린 그림들입니다.

1 책 표지와 제목을 보고 어떤 생각이 드는지 말해 보세요.

2 알맞은 단어를 보기에서 찾아 써 보세요.

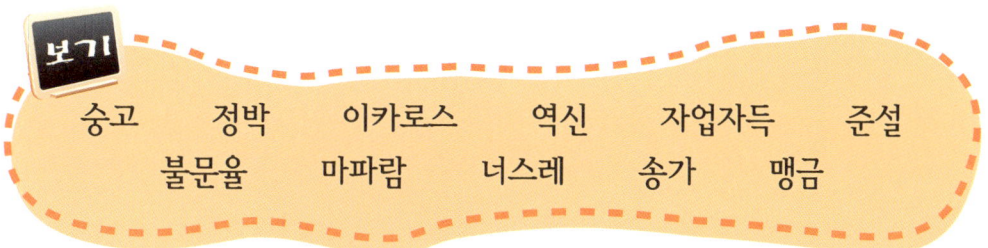

① 문서 형식을 갖추지 않은 법칙. ·· (   )

② 자기가 저지른 일의 결과를 스스로가 돌려받음. ····················· (   )

③ 그리스 신화에 나오는 인물로서, 밀랍으로 만든 날개를 달고 미궁을 탈출하였으나 너무 높이 날아 태양열에 밀랍이 녹는 바람에 바다에 떨어져 익사한 사람. ··· (   )

④ 집집마다 찾아다니며 천연두를 앓게 한다는 귀신. ················· (   )

⑤ 존엄하고 거룩함. ·· (   )

⑥ 수다스럽게 떠벌려 늘어놓는 말. ··· (   )

⑦ 배가 부두나 다른 장소에 닻을 내리고 머무름. ······················ (   )

⑧ 다른 사람의 공로와 어진 덕을 기리는 노래. ·························· (   )

⑨ 매나 독수리 등과 같이, 성질이 사납고 육식을 하는 날짐승. ········ (   )

⑩ 남쪽에서 불어오는 바람, '남풍'. ·· (   )

⑪ 하천이나 항만의 바닥에 쌓인 흙이나 암석 등을 파내는 일. ········· (   )

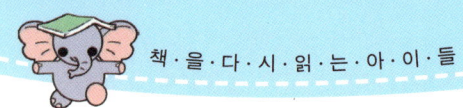

1 갈매기 켕가는 청어를 낚아채기 위해 물속으로 들어갔다 나온 후 넓디넓은 바다에 혼자 외롭게 남습니다. 그 이유는 무엇인가요? (15쪽)

2 갈매기 켕가는 몸통에 흠뻑 젖은 기름을 떼어내기 위해 필사의 노력을 기울입니다. 죽음이 다가오자 프리시아 섬의 늙은 갈매기에게 들은 □□□□라는 사람에 대한 전설을 떠올리며 마지막 희망을 찾습니다. 이 사람은 누구인가요? (30쪽)

3 이 책에는 동물 세계의 규칙인 불문율이 두 가지 나오는데 각각 무엇일까요? (28쪽, 129쪽)

① 기름에 뒤범벅이 된 갈매기를 도와주지 않고 날아가 버린다는 갈매기 세계의 불문율

② '인간과 ○○ㅅㅌ을 하는 것은 절대 안 된다.'는 고양이 세계의 불문율

4 갈매기 켕가가 마지막 힘을 다해 알을 낳기 전에, 소르바스에게 부탁한 세 가지 약속은 무엇인가요? (38~39쪽)

5 소르바스와 그의 고양이 친구들이 함께 아기 갈매기에게 '아포르뚜나다'란 이름을 지어 줍니다. 이 이름의 뜻은 무엇인가요? (109쪽)

6 고양이들은 아기 갈매기가 가장 좋아하는 오징어 요리를 준비합니다. 그러나 아기 갈매기는 입을 꽉 다문 채 말도 하지 않습니다. 그 이유는 무엇인가요? (115쪽)

7 고양이가 되고 싶다던 아기 갈매기가 갑자기 날고 싶다고 생각합니다. 어떤 계기가 있었나요? (123쪽)

8 소르바스는 아기 갈매기를 날게 하기 위해 불문율을 깨고 사람의 도움을 받습니다. 어떤 사람인가요? (137쪽)

9 아기 갈매기는 실패를 거듭하다 결국 하늘을 납니다. 이때 소르바스는 아기 갈매기가 어떤 사실을 깨달았기 때문에 날았다고 말했나요? (158쪽)

책·을·깊·게·읽·는·아·이·들

1 다음 글에 나오는 갈매기 켕가의 마음은 어떠했을까요?

> 켕가는 하늘을 쳐다보았다. 그리고 지금까지 자신과 늘 함께 했던 좋은 바람들에게 고마운 마음을 전했다. 마침내 켕가는 마지막 숨을 내뱉었다. 바로 그때, 파란 얼룩무늬의 하얀 알 하나가 석유로 흠뻑 젖은 켕가의 몸에서 굴러 떨어졌다.
>
> 본문 39쪽에서

2 소르바스의 엄마는 소르바스에게 다음과 같이 이야기했습니다. 소르바스의 엄마가 한 말을 듣고 소르바스는 어떻게 했을까요?

> "너는 불행하게 될지도 모르는 운명을 타고났기 때문이지. 얘야, 너도 알다시피, 네 형제들은 모두가 회색 바탕에 호랑이 줄무늬 털이지. 하지만 너는 턱수염 밑에서 반짝이는 흰 털 뭉치를 조금 빼고는 완전히 검은 털인 채 태어났단다. 사람들 중에는 검은 고양이가 불운을 가져온다고 믿는 사람도 있단다. 얘야, 그러니 너는 절대로 집을 나가서는 안 된다."
>
> 본문 20쪽에서

3 밑줄 친 '슬픔의 정체'는 무엇일까요?

> "함부르크에 있는 모든 집 안의 등불은 이미 꺼진 상태였다. 그날 밤 항구의 주민들은 밤새 궁금해했다. 함부르크의 동물들을 갑자기 사로잡아 버린 저 이상한 '슬픔의 정체'가 무엇인지."
>
> 본문 72쪽에서

4 다음과 같은 언행은 작가가 소르바스의 어떤 점을 드러내고자 한 것일까요?

> "너는 죽지 않을 거야! 잠깐 쉬고 나면 금방 회복될 거야. 배고프지? 기다려. 내가 먹을 것 좀 가져올 테니까, 죽으면 안 돼."
>
> _{본문 36쪽에서}
>
> 소르바스는 꼴로네요의 명령에 따라서 식사나 용변 보는 일 외에는 알의 곁을 떠나지 않았다.
>
> _{본문 75쪽에서}
>
> "누구든 첫 번째에 성공하는 법은 없지. 너는 곧 성공하게 될 거야. 실망하지 마. 내가 약속하지."
>
> _{본문 126쪽에서}

5 아래 글이 말하고자 하는 바는 무엇인가요?

> "너는 우리와는 달라. 하지만 네가 우리와 다르다는 사실이 우리를 기쁘게도 하지. 우리는 불행하게도 네 엄마를 도와줄 수가 없었어. 그렇지만 너는 도와줄 수 있었단다. 우리들은 네가 알에서 부화되어 나올 때부터 지금까지 줄곧 너를 보호해 왔단다. 우리들은 네게 많은 애정을 쏟으며 돌봐왔지. 그렇지만 우리들은 그냥 너를 사랑하는 거야. 네가 우리를 사랑하고 있다는 것도 잘 알아. 우리들은 네 친구이자, 가족이야. 우리들은 너 때문에 많은 자부심을 가지게 됐고, 많은 것을 배웠다는 것도 알아줬으면 좋겠구나. 우린 우리와는 다른 존재를 사랑하고 존중하며 아낄 수 있다는 사실을 배웠지. 우리와 같은 존재들을 받아들이고 사랑한다는 것은 쉬운 일이야. 하지만 다른 존재를 사랑하고 인정한다는 것은 쉬운 일이 아니지. 그런데 너는 그것을 깨닫게 했어."
>
> _{본문 117~118쪽에서}

문·해·력·신·장·과·P·S·A·T·맛·보·기

1 다음 내용에 가장 알맞은 사자성어는?

> 몸집이 큰 검은 고양이 소르바스가 알을 보호하면서 가슴에 품은지도 꽤 여러 날이 지났다. 검은 고양이는 어쩌다가 자기 몸에서 몇 센티미터라도 알이 멀어져 갈라치면 그의 털북숭이 다리로 알을 조심스럽게 끌어안았다. 그에게는 불편한 날들이 계속 될 뿐이었다. 그래서 어떤 때는 이 모든 일들이 부질없는 것이 아닌가 하는 회의도 들었다. 하얀 껍질에 푸른 반점이 있다고는 하지만, 어찌 보면 생명도 없고 깨지기 쉬운 돌 조각 같은 것에 불과한데, 그것을 이렇게 열심히 돌보고 있다니 하는 생각이 들기도 했다. 어떤 때는 너무 오랫동안 움직이질 못해서 몸에 경련이 일어났다. 소르바스는 꼴로네요의 명령에 따라서 식사나 용변 보는 일 외에는 알의 곁을 떠나지 않았다.
>
> 본문 75쪽에서

① 문경지교(刎頸之交)
② 금지옥엽(金枝玉葉)
③ 살신성인(殺身成仁)
④ 결초보은(結草報恩)
⑤ 애지중지(愛之重之)

2 ㉠의 근거로서 가장 적절한 문장은?

> ㉠ '인간과 언어 소통을 하는 것은 절대 안 된다.' 이것은 고양이 세계의 불문율이다. 물론 고양이들이 인간과 의사소통을 못 할 리가 없었고, 그런 관심이 없는 것도 아니었다. 그러나 가장 위험한 요소는 인간들의 반응이다. 말하는 고양이가 있다면 과연 인간들은 그 고양이를 어떻게 할까? 확언하건대, 인간들은 그 고양이를 철창 안에 가두고 갖가지 우스꽝스런 실험들을 할 것이다. 인간들이란 자신과 다른 존재를 인정하지도 않을뿐더러 인정하려는 노력조차 하지 않기 때문이다.
>
> 본문 129~131쪽에서

① 인간들의 반응 때문에.
② 고양이 세계의 불문율이기 때문에.
③ 우스꽝스런 실험들을 할 것이기 때문에.
④ 고양이들이 인간과 의사소통을 못 할 리가 없었고, 그런 관심이 없는 것도 아니어서.
⑤ 인간들이란 자신과 다른 존재를 인정하지도 않을뿐더러 인정하려는 노력조차 하지 않기 때문에.

아래 글을 읽고 물음에 답하시오. (3-4).

　그들은 고양이 특유의 인내심을 발휘해서 어린 갈매기가 날고 싶다는 의지를 직접 드러낼 때까지 끈덕지게 기다렸던 것이다. ㉠ 왜냐하면 난다는 것은 지극히 개인적인 결정에 달린 문제라는 것을 고양이들은 조상들이 일러준 교훈을 통해 이미 깨닫고 있었기 때문이다. 그것은 강요나 억지가 아니라 자발적으로 결정해야 할 문제였다.
　마지막 시험 비행이 실패로 끝났을 때였다. ㉡ 꼴로네요는 시험 비행을 중단시켰다. 그는 자신의 경험으로 미루어 보아, 갈매기는 이미 자신감을 잃기 시작했다고 판단했다. 만일 아기 갈매기가 정말로 날기를 원한다면 자신감을 잃는 것은 매우 치명적이고 위험한 요소이기 때문이다.

본문 124~128쪽에서

3 ㉠에 대한 설명으로 가장 적절한 것은?

① 뒷문장의 결론이다.　② 뒷문장의 근거이다.　③ 앞 문장의 근거이다.
④ 앞 문장의 설명이다.　⑤ 앞 문장의 결론이다.

4 ㉡의 근거로서 가장 적절한 문장은?

① 꼴로네요는 지휘관이다.
② 아기 갈매기가 정말로 날기를 원한다.
③ 마지막 시험 비행이 실패로 끝났을 때였다.
④ 갈매기는 이미 자신감을 잃기 시작했다고 판단했다.
⑤ 자신감을 잃는 것은 매우 치명적이고 위험한 요소이기 때문이다.

5 밑줄 친 ㉠에 대해 적절하게 설명한 것은?

　㉠ 무지개 색깔로 장식한 작은 선박들이 유조선에 가까이 다가가는 모습도 종종 보았다. 배에 탄 사람들은 유조선에서 탱크를 비우는 것을 끝까지 제지하려고 노력하였다. 그러나 이따금씩 유독성 기름이 바다를 독살시키는 것을 막아낼 수 있는 시간 안에 도착하지 못한 적도 있었다.

본문 29~30쪽에서

① 환경 보호 단체의 배　② 큰 배를 끌어 주는 배　③ 시추선을 도와주는 배
④ 유조선에 딸려 있는 배　⑤ 난파선의 사람들을 구조하는 배

책·을·내·것·으·로·만·드·는·아·이·들

1 고양이들은 갈매기 켕가와 한 약속을 끝까지 지켜 냅니다. 어떤 약속이 가장 어려웠을까요? 고양이의 특성, 환경 등을 고려해 판단해 보세요.

2 고양이들은 아기 갈매기에게 나는 법을 가르쳐 줄 인물의 목록을 작성하고 토론 끝에 시인을 선택했어요. 그 이유는 무엇일까요? 여러분이라면 어떤 사람을 추천하겠습니까?

시인을 선택한 이유

주방장 레네, 50년 동안 7대양을 항해한 하리,
식당 종업원 팀장인 까를로스, 식당 지배인,
소르바스와 함께 사는 소년, 부불리나 집에 사는 시인

나의 추천 인물

3 이 책에서 가장 마음에 드는 장면이나 문장이 있다면 말해 보거나 써 보세요.

4 실제로 동물들이 여러분에게 다음과 같이 이야기한다면 어떻게 대답하겠습니까?

> "인간들 말야. 일부러 나쁜 일도 얼마나 많이 하는데, 멀리서 찾을 필요도 없이, 그 불쌍한 갈매기를 생각해 보라고. 폐기물을 버려서 바다를 황폐하게 만드는 미치광이 인간들 때문에 죽게 된 거잖아."
>
> "그렇다고 해서 모든 인간들을 다 싸잡아 욕해서는 안 되지. 그건 공정치 못한 처사야."

5 여러분도 아기 갈매기처럼 새로운 시도가 두려웠던 적이 있었나요? 혹은 친구 중에 유난히 두려움이 많은 친구가 있다면 어떻게 극복할 수 있을지 말해 보세요.

주식회사 6학년 2반

석혜원 글 | 한상언 그림 | 다섯수레

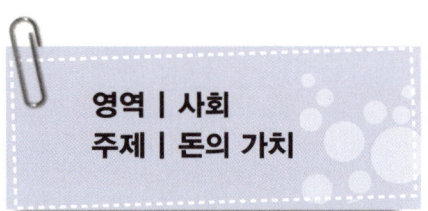

영역 | 사회
주제 | 돈의 가치

목표

1. 경제는 우리의 생활과 밀접한 관계가 있음을 알 수 있다.
2. 각자의 흥미와 적성에 따라 잘할 수 있는 일이 있다는 것을 알 수 있다.
3. 회사를 운영하면서 돈도 벌고, 좋은 일도 할 수 있다는 것을 알 수 있다.

줄거리

새 학기를 맞아 서울에 있는 학교로 전학 온 준영이는 6학년 2반에서 장래 희망이 CEO라는 김진우를 만난다. 진우는 학급 회의 시간에 1년 동안 추진할 연간 특별 활동으로 주식회사를 운영해 보자는 엉뚱한 제안을 한다. 교장 선생님이 반대하지만 진우와 준영이는 포기하지 않고 교장 선생님을 설득한다. 아이들은 돈을 관리하고 다양한 사업을 진행하면서 사업은 어느 한 사람의 능력만으로 이루어지는 것이 아니라는 것을 깨닫는다.

도서 선정 이유

아이들이 스스로 회사를 운영하며 어려움을 극복해 가는 과정을 통해 문제를 스스로 해결하는 생활 태도를 배울 수 있다. 그리고 돈에 대한 바람직한 가치관과 함께 경제 원리도 배울 수 있다.

1 다음에 설명하는 내용을 보기에서 찾아 써 보세요.

> **보기**
>
> 금융 실명제, 정기 적금, 배당금, 투자, 사업 계획서, 주주 총회, 주식회사, 정기 예금, 투기, 자본금, 분배, 저축 예금, 차입금, 대차 대조표, 이사회, 사단 법인

(1) 회사 경영에 대한 내용을 주주들에게 알려 주고, 주주들의 의견을 물어본 후 중요한 일을 결정하기 위해 하는 회의를 말한다. 정기 ○○○○는 일 년에 한 번씩 열리며 특별한 경우에는 임시 ○○○○를 열기도 한다. (　　　　)

(2) 사업을 하기 위해 어떤 사업을 할 것인지, 어떻게 운영할 것인지 등에 대해 미리 계획을 세운 내용을 담은 표이다. (　　　　)

(3) 경제 활동은 크게 생산, 소비, ○○ 세 가지 활동으로 나누는데 ○○란 생산 활동의 대가로 돈을 받는 것을 말한다. (　　　　)

(4) 목돈을 마련하기 위해 매월 일정한 금액을 은행에 저축하는 것이다. (　　　　)

(5) 회사를 만들기 위해 주주들이 낸 돈을 뜻한다. 회사에서 경영에 필요한 돈을 더 마련하고자 할 때 금융 기관에서 빌리는 대신 주식을 더 발행하여 충당하기도 한다. (　　　　)

(6) 개인이나 단체에 주식을 팔아서 자본금을 마련해 만든 회사이다. 주식을 산 주주들이 모두 회사의 주인인 셈이지만 직접 경영에 참여하지는 않는다. 대신 주주들이 뽑은 경영인이 회사를 경영한다. (　　　　)

(7) 이익을 목적으로 기업의 주식이나 부동산 등을 사는 행위를 말한다. 기업이 망하거나 부동산 가격이 떨어질 경우 손해가 날 수 있기 때문에 저축보다 위험성이 크다. (　　　　)

(8) 금융 기관에서 금융 거래를 할 때 가명 혹은 무기명 거래를 금지하고 실명임을 확인한 후에만 금융 거래를 하도록 만든 제도이다. 자신의 이름으로만 통장을 만들 수 있다. (　　　　)

(9) 주식회사가 벌어들인 이익금 가운데 일부를 주주들에게 나누어 주는 돈이다. (　　　　)

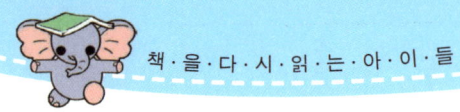

1 6학년 2반은 일 년 동안 추진할 연간 특별 활동으로 회사를 세우기로 합니다.

(1) 교장 선생님의 반대로 포기할 뻔 했지만 어떻게 교장 선생님을 설득했나요? (40쪽)

(2) 회사의 자본금은 어떻게 마련했나요? (59쪽)

2 주식회사를 만들고 나서 맨 처음에 무슨 물건을 팔았고, 어떻게 해서 이익을 남겼나요? (62쪽)

3 규식이가 직원이 되는 것에 대해 보람이와 진우가 반대했지만 준영이는 찬성했습니다. 그 이유는 무엇인가요? (75쪽)

4 새로운 사업으로 어버이날에 카네이션을 팔기로 했는데, 사온 꽃을 모두 팔았습니다. 그 비결은 무엇인가요? (91쪽, 95쪽)

5 주식회사 6학년 2반의 임원들은 돈을 가지고 있자니 불안하고 이익이 얼마나 났는지 알아보기도 힘들었습니다. 이 문제는 어떻게 해결했나요? (101쪽, 107쪽)

6 윤재가 전학을 가게 되어 주식을 팔고 싶다는데 서로 사겠다고 했습니다. 그 이유는 무엇인가요? (137쪽)

7 주식회사 6학년 2반은 운영을 잘 했지만 아직 팔지 못한 물건이 있었습니다. 남은 물건은 어떻게 처리하고 배당금은 어떻게 했나요? (211쪽)

남은 물건

배당금

책·을·깊·게·읽·는·아·이·들

1 주식회사 6학년 2반은 CEO 진우를 비롯하여 여러 친구들이 함께 성공적으로 운영했습니다. 주식회사 6학년 2반의 임직원들의 직책과 하는 일 그리고 이 일에 필요한 자질은 무엇이라고 생각하나요?

이름	하는 일(직책)	필요한 자질
김진우		
한준영		
최보람		
김규식		
은구슬		

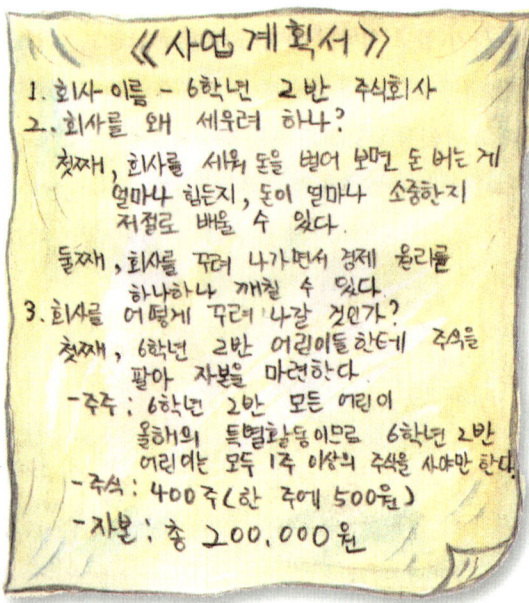

2 주식회사 6학년 2반이 성공할 수 있었던 까닭은 무엇인가요? 그리고 그렇게 생각한 이유도 말해 보세요.

3 주식회사 6학년 2반의 주주 총회를 "세상에서 가장 따뜻한 주주 총회"라고 한 이유는 무엇일까요?

문·해·력·신·장·과·P·S·A·T·맛·보·기

1 진우가 회사를 차리고 싶어 하는 이유가 아닌 것은?

> 시간이 얼마나 흘렀을까? 교장 선생님께서 고개를 들더니 우리 얼굴을 찬찬히 살펴보셨다.
> "제법 고민을 많이 했군요. 그렇지만 학교에서 회사를 차려 돈을 번다는 게……."
> 교장 선생님의 말씀이 끝나기도 전에 진우가 입을 열었다.
> "교장 선생님, 말씀하시는데 끼어들어서 정말 죄송합니다. 하지만 교장 선생님께서 뭔가 오해하시는 것 같아서요. 저희가 회사를 차리려는 건 단순히 돈을 벌기 위해서가 아닙니다. 회사를 꾸려 나가다 보면 돈을 벌 때도 있고 손해를 볼 때도 있을 것입니다. 저희는 그런 일들을 겪으면서 돈 버는 일이 얼마나 어려운지, 돈이 얼마나 소중한지 스스로 배워 보려는 것입니다.
> 또 회사를 끌고 나가려면 어떤 일을 해야 할지 말아야 할지 힘든 결정을 내릴 일도 많을 거예요. 그때마다 저희는 친구들과 의견을 나누며 가장 좋은 방법은 무엇인지 함께 찾아볼 것입니다. 그러다 보면 자연스럽게 생각이 깊고 넓은 어린이로 자랄 수 있을 것입니다. 다른 사람과 의견을 맞추어 나가는 방법도 배울 수 있고요. 마지막으로 회사를 꾸려 나가면 경제 원리를 자연스럽게 배울 수 있다고 생각합니다."
>
> 본문 39~40쪽에서

① 회사를 만들어서 CEO가 되고 싶기 때문이다.
② 돈의 소중함과 돈 버는 일의 어려움을 알고 싶어서이다.
③ 생각이 깊고 넓은 어린이로 자랄 수 있을 것이기 때문이다.
④ 회사를 운영해 나가는 동안 경제 원리를 배울 수 있기 때문이다.
⑤ 다른 사람들과 의견을 나누며 맞추어 나가는 것을 배울 수 있기 때문이다.

2 직업을 갖기 위해 필요한 준비 사항으로서 옳은 것은?

> 직업이란 일을 한 대가로 소득을 얻는 활동이고, 직업을 가진 사람들이 일하는 장소를 직장이라고 해요. 돈을 벌기 위해서 일을 하는 것은 즐거움을 얻기 위해 하는 취미 생활과는 달라요. 직장에서는 싫건 좋건 맡겨진 일을 해야만 해요. 그러니까 되도록 자신의 능력이나 적성에 맞는 직업을 가져야 즐겁게 일할 수 있어요. 사회가 빠르게 변하면서 수많은 직업이 새로 생기기도 하고 없어지기도 해요. 이렇게 복잡한 사회에서 나에게 가장 알맞은 일을 찾으려면 직업을 택하기 전에 많은 준비가 필요하지요.
>
> 본문 80~81쪽에서

① 사회가 변화하기 때문에 직업 세계에 대한 공부는 필요하지 않아요.
② 돈을 많이 버는 직업이라면 적성이나 성격에 맞지 않더라도 괜찮아요.
③ 꿈은 크게 가질수록 좋아요. 왜냐하면 꿈을 가지면 이룰 수 있기 때문이에요.
④ 사회가 변화하기 때문에 새로운 직업이 많이 생기지만 사라지는 직업은 없어요.
⑤ 내가 원하는 직업이 요구하는 교육 수준이나 취업 방법을 알아보고 준비해야 해요.

3 주식회사 6학년 2반의 대차 대조표와 손익 계산서를 읽고 <u>잘못</u> 말한 사람은?

6학년 2반 대차 대조표(2008년 3월 13일 ~ 2009년 2월 05일)

자 산		부 채	
내 마음대로 적금	600,000		
보통 예금	66,000		
		자 본	
		자본금	210,000
		순이익	456,000
합계	666,000		666,000

6학년 2반 손익 계산서(2009년 2월 05일)

비용(쓴 돈)		수익(벌어들인 돈)	
차비	66,900	학용품 판매	1,168,300
A4용지, 도화지	3,700	카네이션 판매	300,000
진열장 재료비	3,500	청운리그 김밥 판매	202,500
학용품 구매	919,900	청운리그 음료수 판매	61,200
카네이션 구매	150,000	알뜰 시장 물건 판매	135,000
카네이션 비닐 포장지와 편지지	12,000		
청운리그 상품	200,000		
음료수 구매	45,000		
알뜰 시장 풍선 장식	10,000		
순이익	456,000		
합계	1,867,000	합계	1,867,000

① 진우 : 1년 동안 모두 고생한 덕분에 순이익이 456,000원이 나서 보람도 느끼고 행복해.

② 구슬 : 편지지를 끼워 주자는 내 아이디어로 카네이션을 팔아서 150,000원이나 이익이 나서 정말 기뻐.

③ 보람 : 장부 정리랑 돈을 관리하느라 힘들었는데 '내 마음대로 적금'이랑 보통 예금을 합쳐 666,000원이나 되다니!

④ 규식 : 청운리그에서는 이익이 별로 남지 않았는데 알뜰 시장을 운영해서 125,000원이나 벌었어. 고생한 보람이 있네.

⑤ 준영 : 전학을 와서 걱정했는데 부사장이 되어 회사 운영하는 것도 배우고 좋은 친구도 사귀었어. 이제 순이익 456,000원을 어떻게 처리할 것인가만 결정하면 되는군.

책·을·내·것·으·로·만·드·는·아·이·들

1 주인공들은 "지구를 살리는 알뜰 시장"이란 거창한 이름을 붙여서 알뜰 시장을 열었습니다. '아름다운 가게'와 알뜰 시장의 공통점을 생각해 보세요. 그리고 이런 일들이 왜 필요한지도 이야기 나누어 보세요.

> '아름다운 가게'는 우리 사회의 친환경적 변화에 기여하고, 국내외 소외된 이웃과 공익 단체를 지원하는 비영리 공익 재단이다. '아름다운 가게'는 아프리카 케냐의 소외 계층을 지원하기 위해 월드컵 응원 붉은 티셔츠 7,500장을 보냈다.
>
> 이 티셔츠는 해외 이웃들을 돕기 위한 캠페인에서 시민들이 기증한 옷이다. '아름다운 가게'는 예전에도 티셔츠 1만 8천여 장을 모잠비크, 탄자니아, 몽골, 방글라데시, 피지, 라오스 등 아프리카와 아시아 저개발국가 24개국의 소외 계층에 보낸 바 있다.
>
> 티셔츠 운송은 현대해운이 무상으로 맡아 주었다. 파주 현대해운 물류 기지를 출발한 티셔츠는 부산항을 거쳐 한 달 가량 항해해 케냐 뭄바사(Mumbasa)항에 도착했고 케냐의 소외 계층에 나누어졌다. 현대해운은 티셔츠를 케냐의 현지 마을까지 배송해 주었다.

2 여러분은 어떤 일을 하고 싶은지 생각해 봅시다. 가장 잘할 수 있는 일, 자신의 장점을 써 보세요(좋아하는 것, 잘 하는 것, 나의 성격, 환경, 성적 등).

3 여러분이 주식회사 6학년 2반의 CEO라면 어떤 사업을 해 보고 싶은가요? 다음 사항을 참고하여 사업 계획서를 작성해 보세요.

사업 계획서

회사 이름	
회사 조직 (모둠원 각자의 적성과 능력에 따라)	
사업 목적	
상품 소개 (대상 고객, 기능이나 용도, 디자인 등)	
예상 수익 목표	
자금 계획 (사업에 필요한 돈은?)	
홍보, 판매 전략	

애니캔

은경 글 | 유시연 그림 | 별숲

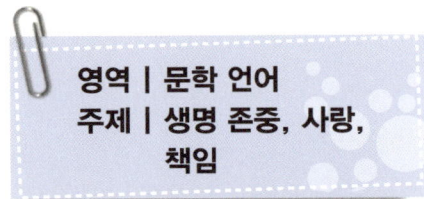

영역 | 문학 언어
주제 | 생명 존중, 사랑, 책임

목표

1. 생명의 소중함을 깨달을 수 있다.
2. 반려동물과 함께 살아가는 자세를 배울 수 있다.
3. 책임지는 관계를 넓히는 방법을 생각할 수 있다.

줄거리

새롬이는 애니캔(깡통 안에 보관된 반려동물 또는 그것을 판매하는 회사)에서 강아지 별이를 만난다. 별이는 애니캔의 특별식이 아닌 북엇국을 먹고 병에 걸린다. 별이가 아픈 것을 계기로, 삼촌이 돌아오고 삼촌에게서 애니캔의 비밀을 듣는다. 그리고 별이의 생명 기한이 지정됐음을 알고 새롬이는 더 힘들어한다. 별이를 위해 새롬이는 친구 승찬이, 사랑이와 함께 판매자인 러비 씨와 판매 회사인 애니캔의 부도덕함을 알리기로 한다.

도서 선정 이유

반려동물을 기르는 가정이 급속하게 늘고 있지만, 그만큼 병들고 아픈 동물을 버리는 사람들도 늘고 있다. 이 책은 캔 속에 들어 있는 동물을 통해 사람들이 생명을 이기적으로 소비하는 세태를 잘 보여 준다. 이 이야기를 통해 생명의 소중함과 반려동물과 함께 살아가는 올바른 자세를 성찰하고 함께 노력하는 방법을 생각해 볼 수 있다.

1 여러분에게 반려동물이 있다고 가정했을 때, 그 반려동물이 원했던 동물이 아니거나 마음에 들지 않는 행동을 한다면 어떻게 하고 싶은가요?

2 설명에 알맞은 단어를 초성들에 맞게 써 보세요.

#	초성	설명
1	ㅂㅇ	식용으로 쓸 가축을 살찌게 키움.
2	ㅅㄱ	다 자란 개.
3	ㅂㅇ	사람의 하는 짓이나 성품이 천하고 졸렬함.
4	ㅅㅇ	체액을 소화관 이외의 경로로 몸에 주입함. 또는 그렇게 사용하는 액체.
5	ㅎㅂ	어떤 일이 이루어질 가능성이 적음.
6	ㅇㅈ	약재를 갈라서 따로따로 넣어 두는 장. 서랍이 달린 여러 개의 칸이 있다.
7	ㅂㅎ	어떤 사건이나 발표 등이 세상에 영향을 미쳐 일어나는 반응.
8	ㄴㅈ	무력이 아니라 경제나 외교를 수단으로 하는 국제적 대립. 두 대상의 대립이나 갈등 구조를 비유적으로 이르기도 한다.
9	ㅎㅇ	어루만지고 잘 달래어 시키는 말을 듣도록 함.
10	ㅈㅊ	자신의 결함이나 잘못에 대하여 스스로 깊이 뉘우치고 자신을 책망함.
11	ㄹㅍ	방송·신문·잡지 등에서, 현지 보고나 보고 기사를 이르는 말.
12	ㅎㅇ	의심을 품음.

1. 새롬이는 사랑이가 준 이벤트 쿠폰을 가지고 '애니캔'을 방문합니다. '애니캔'은 어떤 곳인가요? (16쪽)

2. 별이는 애니캔 회사에서 지정한 사료와 특별식을 먹어야 하는데, 별이가 특별식을 먹어야 하는 이유는 무엇이고, 무엇을 먹고 병에 걸렸나요? (63쪽, 88쪽)

   ▶ 특별식을 먹어야 하는 이유 :

   ▶ 병에 걸린 음식 :

3. 3년 동안 연락이 끊겼던 삼촌이 별이 소식을 듣고 가족에게 돌아옵니다. 삼촌이 했던 일과 갑자기 가족을 떠난 이유는 무엇인가요? (100~102쪽)

   ▶ 삼촌이 했던 일 :

   ▶ 가족을 떠난 이유 :

4. 애니캔에서 새롬이의 부모님이 가족 대표로 동의했으면서도 새롬이에게 말하지 않았던 사실은 무엇인가요? (105쪽)

5. 삼촌에게 돼지고기 수육을 권하던 할머니는 삼촌의 말을 듣고 더 이상 권하지 못합니다. 삼촌이 고기를 먹지 않은 이유는 무엇인가요? (130쪽)

6 새롬이는 사랑이랑 승찬이와 함께 별이를 낫게 하기 위해 여러 가지 활동을 벌입니다. 새롬이와 친구들이 했던 노력에는 어떤 것들이 있나요? (132~135쪽)

7 한지선 기자의 취재에도 꿈쩍 않던 러비 씨의 태도가 하루 만에 바뀌었습니다. 삼촌이 찾은 방법 때문입니다. 삼촌이 찾은 방법은 무엇인가요? (157쪽)

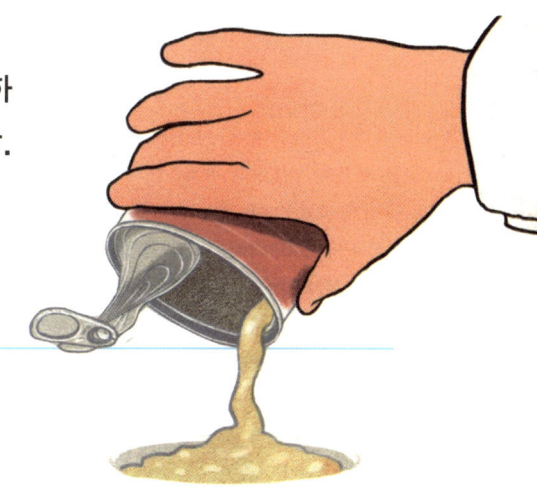

8 현재 치료제가 없는 별이를 위해 새롬이가 선택한 방법은 무엇인가요? (158쪽)

9 한지선 기자는 애니캔 주변 비밀 공간을 발견하고 취재합니다. 그곳에서는 어떤 일들이 일어나고 있었나요? (165쪽)

책·을·깊·게·읽·는·아·이·들

1 밑줄 친 삼촌이 한 일은 무엇이고, 삼촌은 그 일에 왜 회의가 들었을까요?

> "만족스러운 결과였어. 회사에서도 성과금과 특별 휴가를 주었지. 10년가량을 연구 실험실에서만 틀어박혀 살았기 때문에 난 먼 곳, 자연을 맘껏 느낄 수 있는 곳으로 갔어. 그런데 거기서 들소를 봤어. 너른 초원을 달리는 들소들, 거친 풀을 맛있게 뜯어 먹고 되새김을 하는 소들을 말이야. 그 소들을 보는데 캔 속의 송아지들이 떠오르는 거야. 넓은 들과 풀, 되새김질 그리고 어미를 잃은 캔 속의 송아지들이. <u>내가 무슨 일을 한 것인가 하는 회의가 들었지.</u>"
>
> 본문 101쪽에서

- 삼촌이 한 일 _____
- 회의가 든 이유 _____

2 새롬이가 미안해하는 첫 마음은 무엇이었나요?

> "맞아. 그때랑 지금이랑은 다르지. 별이는 소중해. 그렇다고 그때 내 생각을 잊어버리고 아무것도 아니었던 것처럼 할 수는 없을 거 같아. 엄마랑 아빠도 그리고 삼촌도 처음 생각들을 후회하는걸. 솔직히 난 삼촌보다 엄마 아빠가 더 미워. 하지만 미안해하고 후회하고 있지 않다면 더 싫을 거 같아. 별이에게 미안해. 아픈데 도움이 못 되는 지금도 그렇고, 그때 내 <u>첫 마음</u>도……"
>
> 본문 113쪽에서

3 교장 선생님이 말하는 '살아 있는 공부'란 무엇이고 예를 들면 어떤 것들이 있을까요?

> 선생님들은 학생들의 움직임을 흥미롭게 보았다. 정례 회의가 아닌 임시 전교 회의에 학생들이 주도적으로 나서고 있는 것에 의미를 두었던 거였다. 이 문제를 학생들이 어떻게 풀어갈 것인지 학교에서는 지켜보려 했다. "이것이 살아있는 공부이지요."라는 교장 선생님의 한마디에, 걱정 섞인 말을 건넸던 어떤 선생님은 입을 꾹 다물었다는 소문이 나돌기도 했다.
>
> 📄 본문 133쪽에서

 살아 있는 공부란?

 사례 :

4 작가는 '책임은 사랑'이라고 합니다. 이 말의 뜻과 작가의 이런 생각이 잘 드러난 부분을 책에서 찾아 이야기해 보세요.

> 관계 맺은 생명에 대한 책임을 말하고 싶었어요.
> 책임있는 관계를 점점 넓혀 갔으면 좋겠다고 생각했고요.
> 여러분에게는 그럴 수 있는 힘이 있다고 믿습니다.
> **책임은 사랑이니까요.**
> – 은경 –

♥ 뜻 :

♥ 책에서 드러난 부분 :

문·해·력·신·장·과·P·S·A·T·맛·보·기

1 ㉠의 근거가 될 수 있는 문장은?

"동물과 사람, 모두에게 좋을 확실한 기술이 바탕이 되어 있다니까 믿음이 갔어. 원래 난 버림받는 동물들을 보면서 반려동물 키우는 걸 더 안 좋게 봤거든. 책임지지 못하면 아예 키우질 말아야지. 근데 ㉠ <u>사람들이 쉽게 버리는 큰 이유 중 하나가 병이 들었을 때더라고.</u> 돌보기 힘들고 병원비 대기 벅찰 때 그럴 거 아니야. 적어도 나쁜 상황은 벌어질 일이 없을 테니까 한번 키워 보자 마음먹게 된 거였지."

본문 107쪽에서

① 돌보기 힘들고 병원비 대기 벅차다.
② 책임지지 못하면 아예 키우질 말아야지.
③ 적어도 나쁜 상황은 벌어질 일이 없을 것이다.
④ 모두에게 좋을 확실한 기술이 바탕이 되어 있다.
⑤ 난 버림받는 동물들을 보면서 반려동물 키우는 걸 더 안 좋게 봤거든.

2 ㉠과 ㉡의 관계를 설명한 것으로 알맞은 것은?

사랑이는 아빠에게 레미(애니캔 본사에서 맡아 성견으로 키운 뒤 사랑이 아빠에게 보낸 개)는 몇 살까지 사는 거냐고 물었다가 쓸데없는 데 신경 쓰지 말라며 된통 꾸중을 들었다고 했다. 하지만 ㉠ <u>사랑이는 아빠가 화를 내는 이유가 따로 있는 것 같다</u>고 했다.

"그게 뭔데"

새롬이가 휴대폰을 더 바짝 귀에 대고 물었다.

"아빠가 서재에서 전화하는 게 밖에까지 들렸거든? ㉡ <u>부작용이 있는 걸 왜 말하지 않았냐고 따지더라고.</u> 아빠가 애니캔에 투자를 많이 했나 봐. 우리 아빠 기분 완전 안 좋아. 별이는 좀 어때?"

본문 114쪽에서

① 짐작과 느낌
② 의견과 사실
③ 정의와 예시
④ 근거와 주장
⑤ 주장과 근거

문해력신장과 PSAT 맛보기

3 ㉠의 '큰 반향'과 '변화'에 결정적으로 영향을 끼친 것은?

> 여기에는 한지선 기자의 르포 기사도 영향을 끼쳤다. 삼촌이 러비 씨에게 던졌던 '농장이 아닌 공장'이라는 말에 기자의 촉이 발동했던 거였다. 한지선 기자는 애니캔 연구소 가까운 곳에서 비밀 공간을 찾아냈다. 그곳에는 임신해 있거나 갓 낳은 새끼들에게 젖을 물리고 있는 어미 동물들이 가득했다. 그리고 한쪽에는 젖을 뗀 새끼 동물들을 선별해 내는 공간도 따로 있었다. 사람들이 좋아하는 외모가 아니거나 건강하지 못한 동물들, 즉 캔에 넣지 않을 동물들이 그곳에 곧바로 버려졌다. 며칠에 걸쳐 실린 기사는 ㉠ <u>큰 반향을 일으켰고 사람들의 마음과 정책에 변화를 가져 왔다.</u>
>
> 본문 165쪽에서

① 버려진 동물들
② 한지선 기자가 찾아낸 비밀 공간
③ 젖을 뗀 새끼 동물들을 선별해 내는 공간
④ 갓 낳은 새끼들에게 젖을 물리고 있는 어미 동물들
⑤ 삼촌이 러비 씨에게 던졌던 '농장이 아닌 공장'이라는 말

4 다음 글 전체의 내용에 가장 알맞은 사자성어는?

> 우리가 자꾸 말하니까 어쩔 수 없어서 그런 거잖아요. 신문에도 나고 뉴스에도 나오고 하니까. 다른 사람들에게 사랑받을 동물들을 만든다면서, 아저씨는 그 동물들을 사랑하나요? 사랑한다면 아픈 아이들을 그렇게 내버려 둘 수 없지 않나요? 아저씨는 비열해요. 동물들을 이용만 하잖아요. 그러면서도 아닌 척하고, 그런 아저씨에게 별이를 맡길 수는 없어요. 그리고 사람들이 정한 기한만큼만 사는 동물들은 행복할 거라고요? 그걸 아저씨가 어떻게 알아요? 동물들에게 물어봤어요? 아저씨는 누가 아저씨 수명을 딱 정해 주면 행복하겠어요?
>
> 본문 155쪽에서

① 곡학아세(曲學阿世)
② 역지사지(易地思之)
③ 상부상조(相扶相助)
④ 풍전등화(風前燈火)
⑤ 전전긍긍(戰戰兢兢)

 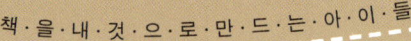

1 애니캔의 동물들은 농장이 아닌 공장에서 키운 동물이었습니다. 공장에서 동물을 키우면 어떤 문제가 있을까요?

2 여러분은 동물권을 어디까지 인정하고 왜 그렇게 생각하나요?

> 동물권은 동물이 인간과 같이 생명권을 지니며 고통을 피하고 학대당하지 않을 권리이다.

◆ 동물권 인정 범위 :

◆ 이유 :

3 승찬이는 일주일에 하루 고기 안 먹기를 제안합니다. 우리가 동물권을 위해서 실천할 수 있는 방법에는 어떤 것이 있을까요?

4 강아지를 키우는 데 반대한 아빠는 러비 씨를 만난 후 흔쾌히 찬성합니다. 러비 씨의 주장에 대해 찬성하는지 반대하는지 근거를 들어 이야기해 보세요.

> 러비 씨 : 병들어 버려져 안락사를 당하느니 애초에 건강하게 만들어서 짧은 기간이나마 사람들이 정한 기간 만큼 행복하게 살다 가게 만드는 게 동물들에게도 좋잖아?
>
> 본문 154쪽에서

○ 찬성한다 (   )   × 반대한다 (   )

◆ 이유 :

무기 팔지 마세요!

위기철 글 | 이희재 그림 | 청년사

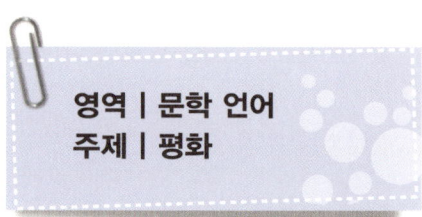

영역 | 문학 언어
주제 | 평화

목표

1. 진정한 평화가 무엇인지 생각해 본다.
2. 평화를 위해 우리가 할 수 있는 일이 무엇인지를 찾아본다.
3. 전쟁을 반대하는 실천 활동을 통해 자신의 주장을 효과적으로 표현한다.

줄거리

주인공 보미가 교실에서 비비탄을 맞는다. 선생님이 그 사실을 알게 되고 아이들은 장난감 총이지만 그것이 얼마나 무서운 무기가 될 수 있는지를 알게 된다.

도서 선정 이유

많은 사람이 전쟁은 국가 간에만 일어나는 일이고, 평화를 지키는 행위 또한 특정한 사람들만의 역할이라고 생각한다. 하지만 아이들끼리 하는 전쟁놀이나 장난감도 무기와 다를 바 없는 폭력성과 호전성을 기른다는 것을 알 수 있다.

1 다음에 설명하는 내용을 보기에서 찾아 써 보세요.

보기: 부추기다, 찜찜하다, 성가시다, 총알받이

(1) 이루어지도록 이리저리 들쑤시다. ( )

(2) 들볶이거나 번거로워 괴롭고 귀찮다. ( )

(3) 마음에 꺼림칙한 느낌이 있다. ( )

(4) 전쟁 시에 총알을 막으려고 맨 앞에 내세우는 사람이나 군대. ( )

2 다음 설명에 알맞은 단어를 보기에서 찾아 써 보세요.

보기: 비유, 앙갚음, 교활, 본때, 담판, 정서, 벽보, 증오, 불구자, 토양, 패거리, 장담, 갈피, 소총, 시위, 간병인, 봉급, 감투, 규제, 서명,

1		몹시 미워함. 반대말은 사랑이다.
2		어떤 사물이나 현상을 그와 비슷한 다른 사물이나 현상에 빗대어 표현함.
3		예전에, 머리에 쓰던 의관(衣冠)의 하나로서 '직책'이나 '직위'를 뜻하기도 한다.
4		간사하고 꾀가 많음.
5		본보기가 되거나 내세울 만한 것.
6		사람의 마음에 일어나는 여러 가지 감정. 또는 감정을 불러일으키는 기분이나 분위기.
7		지구 표면에 퇴적되어 있는 물질. 쉬운 말로 흙이라고 함.
8		어떤 사실에 대하여 확신을 가지고 자신 있게 말함.
9		일이나 사물의 갈래가 구별되는 자리.
10		많은 사람들이 무리 지어 공개적인 장소에서 자신들의 주장을 폄.

1 보미가 교실에 들어서자마자 생긴 일은 무엇인가요? (11쪽)

2 경민이가 선생님한테 총을 빼앗긴 진짜 이유는 무엇인가요? (14쪽)

3 학교 밖에서도 총을 가지고 놀지 않도록 하기 위해 보미가 생각한 것은 무엇인가요? (30쪽)

4 총을 가지고 놀 때와 야구공이나 다른 장난감을 가지고 놀 때 느낌이 어떻게 다른가요? (44쪽)

5 앤더슨 아줌마가 만든 모임의 이름은 무엇이고, 어디서 따온 것인가요? 또 이야기 속에 등장하는 대상들은 무엇을 상징하나요? (159~160쪽)

6 '막내 염소들의 모임'이 벌인 운동은 무엇이고, 그 뜻은 무엇인가요? (183쪽)

7 '총기 규제 법안'을 놓고 선거 운동을 벌이는 막내 염소들은 어른들을 설득하기 위해서 두 가지를 실천합니다. 그것은 무엇인가요? (198, 207쪽)

8 제니는 '도널드 화이트 쇼'에 출연 제의를 받습니다. 제니가 그들의 의도를 알면서도 응한 이유는 무엇인가요? (213쪽)

책·을·깊·게·읽·는·아·이·들

1 소망 초등학교 '평화모임' 회원들이 전쟁을 반대하기 위해 실천한 것은 무엇인가요?

2 '당나귀와 종달새 이야기'에서 말하고자 하는 것은 무엇인가요? 그리고 여러분이 종달새라면 어떻게 대답할지 이야기해 보세요.

> "옛날 어느 숲에 종달새들이 살고 있었어. 그런데 어느 날 당나귀들이 나타나 종달새들더러 앞으로 지저귈 때는 '히이힝' 하고 당나귀 소리를 내라는 거야. 그렇게 하지 않으면 숲에서 내쫓겠다고 으름장을 놓았지."
>
> 본문 169쪽에서

* 말하고자 하는 것 :

* 내가 종달새라면 :

3 아이들이 총을 가지고 노는 것에 대해 어떻게 생각합니까? 그리고 왜 아이들한테 총을 사 줘서는 안 되는지 여러분의 생각을 말해 보세요.

4 ( ) 안에 앞뒤 문장을 이어 주는 단어를 쓰고, 무기를 파는 어른들이 전쟁을 하는 어른들보다 더 나쁜 이유를 말해 보세요.

> 무기 없이 전쟁을 할 수 있나요? 무기를 만드는 사람이 있고, 무기를 파는 사람이 있으니까 전쟁을 하는 것이지요. ( ) 전쟁을 하는 어른들보다 더 나쁜 사람들은 무기를 파는 어른들이에요.
>
> 본문 125쪽에서

문·해·력·신·장·과·P·S·A·T·맛·보·기

1 다음 글의 내용을 잘못 이해한 친구는?

> 유니세프 자료에 따르면, 지난 10년 동안 2백만 명의 어린이가 전쟁으로 목숨을 잃었고, 6백만 명의 어린이가 불구자가 되었으며, 가족을 잃고 고아가 된 어린이는 헤아릴 수 없이 많습니다. 또 지금 세계에는 30만 명의 어린이들이 강제로 끌려가 전쟁터의 '총알받이'가 되고 있습니다. 심지어 이들 가운데는 겨우 7, 8세 되는 어린이도 있다고 합니다.
> 놀이터에서 놀아야 할 어린이들이 전쟁터에서 죽어가고 있는 것입니다.
>
> 본문 74쪽에서

① 미연 : 전쟁에서 피해를 보는 건 아이들뿐이군.
② 충우 : 전쟁이 나쁜 건 알고 있지만 생각보다 더 심한걸.
③ 소라 : 우리나라도 이런 전쟁을 겪었다니 믿어지지 않아.
④ 재욱 : 어려서부터 전쟁을 경험한 아이들은 정말 불행할 거야.
⑤ 일선 : 아이들까지 전쟁에 내몬다는 건 정말 비인간적인 짓이야.

2 다음 글의 이유 또는 근거라고 말할 수 있는 문장은?

> "누군가 총을 가지고 있는 한, 우리는 어디에 있어도 안전하지 못합니다. 교실에서도, 학교 버스에서도, 햄버거 가게에서도, 우리 엄마가 10년 동안이나 몰아 온 자동차 안에서도 말입니다."
>
> 본문 148쪽에서

① 남이 해치더라도 무기를 사용해서는 안 됩니다.
② 무기를 없앤다고 평화가 찾아오는 것은 아닙니다.
③ 총을 가지고 있는 것만으로도 불안을 야기합니다.
④ 무기를 만드는 사람은 전쟁과 별 상관이 없습니다.
⑤ 자신을 지키기 위해서는 총을 사용해도 괜찮습니다.

3 '로직아이 독서 교실'에서는 다음 글을 읽고 토론 주제를 선택하기로 했습니다. 내용에 어울리지 <u>않는</u> 것은?

지난 16일 서울 소망초등학교 '평화 모임' 회원 25명은 "무기 팔지 마세요!"라고 적힌 푯말을 들고 학교 밖으로 나섰다. 지난 달부터 이 학교 학생들은 '장난감 무기 버리기 운동'을 벌여 왔고, 그렇게 수거한 장난감 무기들을 '무기 판매 업체'인 문방구와 장난감 가게에 돌려주기로 한 것이다.

그러나 이 당돌한(?) 어린이들은 단지 장난감 무기만을 반대하고 있는 것은 아니다. 세상에 존재하는 모든 무기에 대해 반대하며, 그 무기들을 이용한 모든 전쟁에 반대하고 있는 것이다.

이 학교 '평화 모임' 회원들은 두 주에 한 번씩 벽보를 붙여 전쟁 반대의 뜻을 펴왔다. 그리고 어린이들이 할 수 있는 실천 방법으로 '전쟁놀이 하지 말기'와 '장난감 무기 버리기'를 제안했다.

세계 곳곳에서는 총소리와 폭격소리가 단 하루도 멈춘 날이 없다. '어른들이 왜 전쟁을 벌인다고 생각하느냐'는 물음에 이 학교 '평화 모임' 회원인 강보미(12)양은 도리어 이렇게 되묻는다.

"무기 없이 전쟁을 할 수 있나요? 무기를 만드는 사람이 있고, 무기를 파는 사람이 있으니까 전쟁을 하는 것이지요."

같은 회원인 윤단비(13) 양도 한마디 덧붙였다.

"전쟁을 하는 어른들보다 더 나쁜 사람들은 무기를 파는 어른들이에요."

📄 본문 124~125쪽에서

① A분단 : 무기 사용 금지를 위한 해결책은 무엇일까?
② B분단 : 전쟁과 무기 사용으로 인해 어떤 결과가 발생할까?
③ C분단 : 전쟁을 방지할 수 있는 방법에는 어떤 것이 있을까?
④ D분단 : 평화로운 세상을 만들기 위해 우리가 해야 할 일은 무엇일까?
⑤ E분단 : 장난감 무기를 돌려주고 난 이익금을 어떻게 사용하는 것이 좋을까?

책·을·내·것·으·로·만·드·는·아·이·들

1 전쟁이 어른들보다 어린이들에게 더 큰 피해를 주는 이유를 말해 보세요.

2 '평화를 위해 무기가 필요하다'거나 '전쟁은 피할 수 없는 것'이라고 주장하는 사람들이 있습니다. 여러분의 생각은 어떠한가요?

3 여러분이 그동안 무기에 대해 생각했던 것과 책을 읽고 달라진 생각을 비교하여 정리해 보세요.

4 지금까지 배운 것을 토대로 전쟁과 무기를 반대하는 실천 활동을 구상해 보세요. 만약 홈페이지를 만든다면 홈페이지를 소개하는 글을 한편의 글로 완성해 보세요.

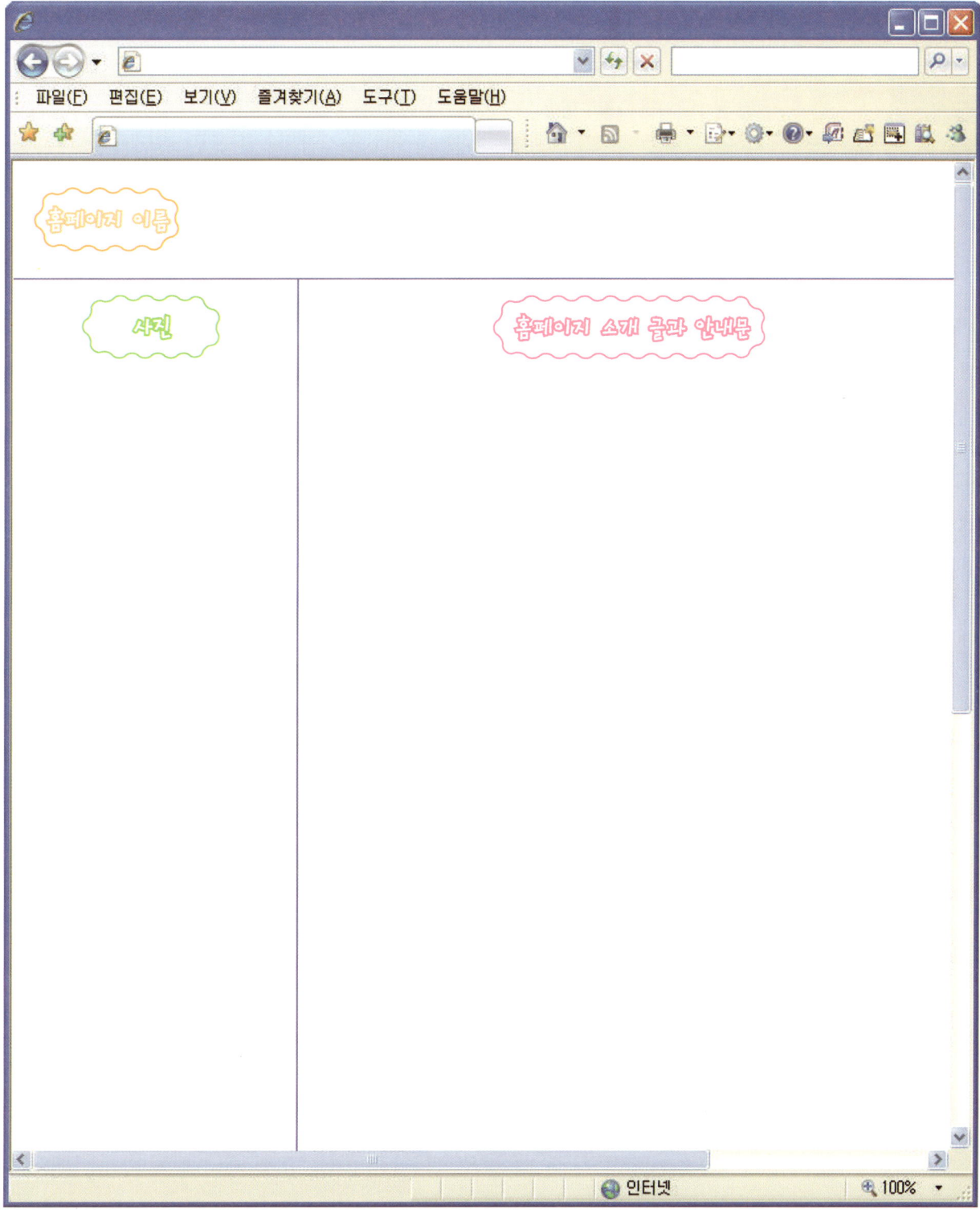

좋은 정치란 어떤 것일까요?

김준형 글 | 박종호 그림 | 어린이 나무생각

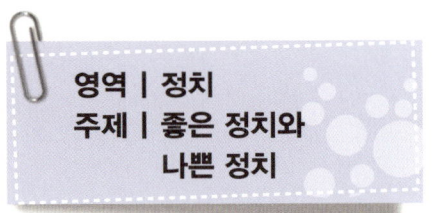

영역 | 정치
주제 | 좋은 정치와 나쁜 정치

목표

1. 정치와 관련된 용어를 알 수 있다.
2. 어떤 정치가 좋은 정치이고 나쁜 정치인지 알 수 있다.
3. 선거와 여론의 의미를 알 수 있다.

줄거리

이 책은 정치의 여러 모습을 보여 주고 있다. 정치가 필요한 이유뿐만 아니라 좋은 정치는 어떤 모습인지, 또 재미있는 정치가 가능한지, 민주주의의 역사와 정부의 운영 방법, 선거와 여론의 의미 등을 다루면서 국민이 정치에 참여하는 방법과 어떤 사람들이 정치를 해야 하는지를 알려 주고 있다.

도서 선정 이유

이 책은 좋은 정치가 어떤 것인지를 설명하고 있다. 인간은 기본적으로 이기적이고 욕심이 많은 존재이기 때문에 법과 제도로 국민을 다스리는 정치가 필요하다. 이런 과정에서 민주주의가 어떻게 탄생했고 민주주의에서는 거대한 국가 권력을 가진 리더를 어떻게 감시하고 통제할 수 있는지를 보여 준다. 학생들은 이 책을 통해 국가는 어떻게 운영되고, 국민은 무엇을 해야 하는지 알 수 있다. 어린이와 어른이 함께 읽어도 좋은 책이다.

1 설명에 맞는 단어를 보기에서 찾아 써 보세요.

보기

여론   민심   쟁점   문제   공약   정책   수반
총리   참정권   사법권   입법권   약육강식   적자생존

① 사회 대중이 공통으로 제시하는 의견 ( )
② 논의나 논쟁 등에서의 중심이 되는 문제점. 이슈라고도 함. ( )
③ 약한 동물은 강한 동물에게 먹힌다는 뜻 ( )
④ 당선 후에 할 일을 국민들에게 공개적으로 발표하는 약속 ( )
⑤ 우리나라 행정부의 우두머리 ( )
⑥ 국민이 정치 활동에 참여할 수 있는 권리 ( )

2 정치와 관련된 어휘입니다. 풀이에 맞는 단어의 초성들을 보고 알맞은 단어를 써 보세요.

1. 대표를 뽑아 정치를 대신하는 간접 민주 정치를 이르는 말.   ㄷ ㅇ ㅈ
2. 전쟁 또는 전쟁에 준하는 사태로 사회 질서가 극도로 어지러워진 지역에 선포하는 계엄.   ㅂ ㅅ ㄱ ㅇ
3. 특정 개인이나 집단의 이익을 위해 권력과 지위를 이용하는 체제.   ㄱ ㅇ ㅈ ㅇ
4. 왕 한 사람이 모든 권력을 가지고 하고 싶은 대로 통치하는 것.   ㄱ ㅈ ㅈ
5. 의회에서 과반의 지지를 받은 대표가 총리 또는 수상이 되어 내각(행정부)의 책임자가 되는 제도.   ㄴ ㄱ ㅊ ㅇ ㅈ
6. 헌법에 관한 분쟁이나 법률의 위헌 여부, 탄핵, 정당의 해산 등에 관한 것을 심판하는 특별 재판소   ㅎ ㅂ ㅈ ㅍ ㅅ
7. 국민이 정치의 주인인 정치 형태.   ㅁ ㅈ ㅈ ㅇ
8. 자본가가 이윤 추구를 목적으로 생산 활동을 하도록 보장하는 경제 체제.   ㅈ ㅂ ㅈ ㅇ
9. 자본주의는 부자들이 가난한 사람들의 것을 빼앗는 제도이므로 국민에게 재산을 공평하게 만들자는 제도. 마르크스가 주장함.   ㄱ ㅅ ㅈ ㅇ
10. 권력을 가진 지배자가 국민의 모든 생활을 감시하고 탄압하는 정치 형태. 나치즘, 파시즘, 군국주의, 스탈린주의가 해당함.   ㅈ ㅊ ㅈ ㅇ

1 사람들 사이에 생기는 의견이나 이익 차이로 인해 생기는 갈등을 해결해 주는 행위를 무엇이라고 하나요? (13쪽)

2 민주주의와 관련되는 내용입니다. (　　) 안에 들어갈 단어를 써 보세요.
(46~48쪽, 50쪽, 51쪽)

시대 또는 핵심 사항	특징
아테네	민회를 통한 (㉠　　　　). 도편 추방제. 일부 시민만이 시민권 가짐
(㉡　　　), 아리스토텔레스	국가의 중요한 일을 여러 사람의 변덕에 맡기는 것은 위험하다. 민주주의에 대한 비판적 시각
시민 혁명	이것의 계기는 근대 국민 국가와 (㉢　　　　)이다. 이로 인해 많은 시민이 참여할 수 있는 제도를 마련해야 했다.
현대의 대중 민주주의	보통 선거제. 국민의 의견을 전달할 대표를 뽑는 (㉣　　　　) 등장

3 이승만 대통령의 12년 독재에 항거한 1960년의 사건과 1987년 전두환 군사 독재에 항거하여 대통령 직선제 실시를 이루어 낸 사건은 무엇인가요? (56쪽, 57쪽)

1960년의 사건

1987년의 사건

4 비민주적 정치 체제에는 어떤 것들이 있나요? (69쪽)

5 민주주의의 반대말과 공산주의의 반대말은 무엇인가요? (73쪽)

민주주의의 반대말 ⟷ (　　　)

공산주의의 반대말 ⟷ (　　　)

6 빈칸에 알맞은 단어들을 넣고 국가 기관을 정리한 후에 권력을 나누는 이유를 써 보세요. (82쪽~)

국가 기관	하는 일	중요 인물
행정부	법을 지키도록 만듦. 나라 살림 맡음. 군대 구성	(㉠　　　)
(㉡　　　)	법을 만듦. 공직자 인사 청문회, 예산 심사와 국정 감사	국회의원
사법부	법 해석과 판결	(㉢　　　)
지방 정부와 지방 의회	소외되는 지방 주민들의 생활과 복지 문제를 다루는 (㉣　　　) 제정	시장, 도지사, 군수 등 지방자치 단체장

★★★ 권력을 나누는 이유 :

좋은 정치란 어떤 것일까요? | 47

7 선거의 4대 원칙은 무엇인가요? (100쪽)

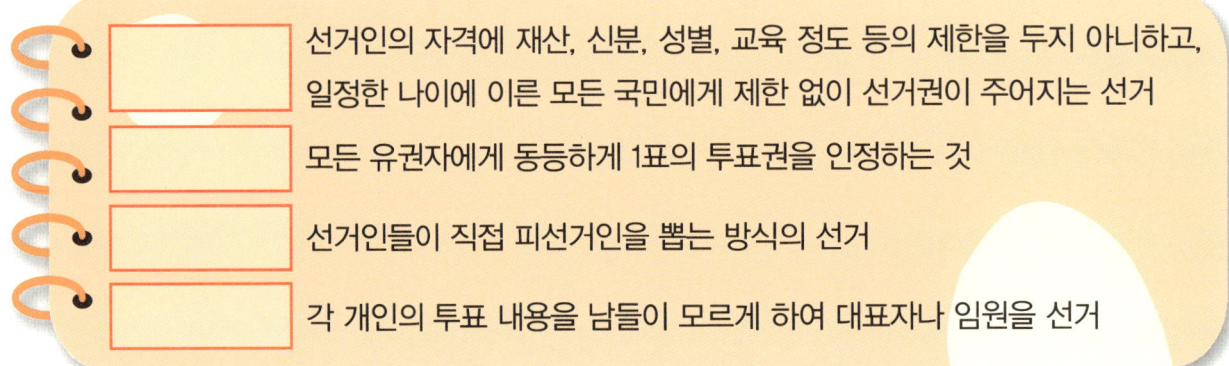

	선거인의 자격에 재산, 신분, 성별, 교육 정도 등의 제한을 두지 아니하고, 일정한 나이에 이른 모든 국민에게 제한 없이 선거권이 주어지는 선거
	모든 유권자에게 동등하게 1표의 투표권을 인정하는 것
	선거인들이 직접 피선거인을 뽑는 방식의 선거
	각 개인의 투표 내용을 남들이 모르게 하여 대표자나 임원을 선거

8 개구리의 이솝 우화에서 신은 개구리들에게 왕이 있으면 왜 불행해질 것이라고 생각했을까요? (108쪽)

9 우리의 목소리를 다른 사람이나 단체에 전달할 수 있는 방법에는 어떤 것들이 있나요? (115쪽)

10 좋은 정치를 만드는 최고의 비결은 무엇인가요? (136쪽)

1 아래 글에서 '학교'를 국가에 비유한 것이라면 ㉠, ㉡, ㉢은 각각 무엇을 비유한 것일까요?

> 학교에 ㉠ 선생님들이 없어지고 ㉡ 규칙도 사라진다면 어떤 일이 일어날까요? ㉢ 아이들이 수업 시간에 이리저리 돌아다니고… 힘센 아이들이 약한 아이들을 괴롭히고 짓궂은 행동을 해도 누구도 선뜻 말릴 수 없을 거예요.
> 　　　　　　　　　　　　　　　　　　　　　　　　　본문 12쪽에서

㉠ _____

㉡ _____

㉢ _____

2 아래와 같음에도 불구하고 민주주의가 좋은 정치 제도인 이유는 무엇일까요?

> 정치가들 중에는 선거에 당선이 되고 나면 시치미를 떼는 경우가 많다.
> 　　　　　　　　　　　　　　　본문 28~29쪽에서
>
> 민주주의가 절차도 복잡하고 모두 자기만 옳다고 주장하는 시끄러운 제도라고 생각한다. 또 어떤 일을 결정할 때 너무 오랜 시간이 걸리기 때문에 일을 처리하기 어렵다.
> 　　　　　　　　　　　　　　　본문 65쪽에서

좋은 정치란 어떤 것일까요? | 49

문·해·력·신·장·과·P·S·A·T·맛·보·기

1 다음 글의 주제로 가장 적절한 것은?

> 봉건 시대에는 유럽 전체가 가톨릭 교회를 따랐고, 교황은 정신적, 종교적 지주인 동시에 유럽 전체를 다스리는 황제와 같은 지위를 가지고 있었어요. 교황은 여러 국가의 왕위 계승 문제에도 간섭할 정도였지요. 그런데 1618년부터 약 30년간 유럽에는 교황을 중심으로 한 구교(가톨릭)와 프랑스를 중심으로 한 신교(개신교) 국가들 사이에 큰 전쟁이 벌어졌어요. 그 결과 프랑스가 이끄는 신교가 승리하면서 유럽의 종교가 바뀌게 되었고, 다른 한편으로는 왕의 권한이 커지고 교황의 권한이 크게 줄어들게 된 거죠.   본문 51쪽에서

① 교황의 권력이 사라진 이유
② 교황의 지위가 변화하는 과정
③ 구교와 신교가 전쟁을 한 시기
④ 구교와 신교가 전쟁을 한 결과
⑤ 구교와 신교가 전쟁을 벌인 원인

2 ㉠과 ㉡의 관계를 설명한 것으로 적절한 것은?

> 나라 전체를 권위주의라고 못 박을 수는 없다 하더라도, ㉠ 국가가 국민들보다는 권력자를 위해 움직이는 일은 우리나라를 포함해서 세계 어느 나라에서도 일어날 수 있어요. ㉡ 아무리 민주적인 제도와 형식을 갖추었더라도 진정한 민주주의를 향한 노력을 멈출 수 없는 이유가 바로 여기에 있답니다.

① 주장과 근거
② 근거와 주장
③ 주장과 설명
④ 설명과 정의
⑤ 예시와 설명

3 밑줄 친 단어의 의미와 거리가 먼 것은?

㉠ 언론은 여론이 만들어지는 데 매우 큰 영향을 미쳐요. 언론은 사람들에게 ㉡ 정보를 주고, 사람들의 ㉢ 생각은 그 언론이 주는 정보를 통해 생기기 때문이지요. 어떤 문제나 사건, ㉣ 정책에 대해 알아야 의견도 제시할 수 있고, ㉤ 비판을 할지 칭찬을 할지 결정하니까요. 인간은 모든 경험을 직접 할 수는 없어요. 다른 사람들에 듣고 아는 간접 경험을 더 많이 하지요.

① ㉠ – 신문과 방송 등
② ㉡ – 소식
③ ㉢ – 주장
④ ㉣ – 방책
⑤ ㉤ – 거절

4 다음 글의 내용과 다른 것은?

민주주의에서는 인간을 존중하고, 자유와 평등의 가치를 중요하게 여기지요. 인간은 어떤 모습으로 태어나든 상관없이, 인간이기 때문에 존중받아야 해요. 그리고 자기가 원하는 것을 스스로 선택할 수 있는 자유를 가져야 하고요. 물론 뭐든 마음대로 할 수 있는 말은 아니에요. 사람은 함께 더불어 살아가야 하기 때문에, 내 자유가 다른 사람의 자유를 방해하거나 억압하지 말아야 해요. 인간은 누군가에게 억압받거나 구속당해서는 안 되는 존재인 것만은 분명해요. 인간은 스스로 결정하고, 그 결정에 대해서 책임을 져야 합니다.

본문 44쪽에서

① 인간이 존중받는 이유는 인간이기 때문이다.
② 민주주의에서는 스스로 결정하고 그 결정에 대해서 책임을 져야 한다.
③ 자유와 평등의 가치를 중시하지 않는다면 그 나라는 민주주의 국가가 아니다.
④ 내 자유가 다른 사람의 자유를 방해하지 않아야 하는 까닭은 사람이라면 함께 더불어 살아가야 하기 때문이다.
⑤ 평소에 전교 5등 하던 내가 전교 1등을 해서 장학금을 받는 것은 평소에 전교 1등 하던 친구를 방해하는 것이다.

책·을·내·것·으·로·만·드·는·아·이·들

1 민주주의는 인간의 불안정하고 이기적인 면을 염두에 두고 대비책을 만들었다고 했어요. 이기적인 방법으로 권력을 사용하는 모습은 어떤 모습일까요? 예를 들어 보세요.

2 다수결 원칙의 장단점 써 보고 다수결 원칙의 단점에 대한 보완책이나 해결책을 이야기해 보세요.

> 민주주의는 공동의 문제를 놓고 여러 사람이 참여해서 토론을 통해 결정해요. 이를 두고 '민주적 권력 행사'라고 하지요. 사람들의 의견이 다 다를 수도 있어요. 그럴 때는 더 많은 사람들의 의견을 따르는 '다수결의 원칙'을 택합니다. 그렇다고 해서 소수 의견을 무조건 무시할 수는 없어요.
>
> 본문 68쪽에서

◈ 다수결 원칙의 장점 :

◈ 다수결 원칙의 단점 :

◈ 다수결 원칙의 단점에 대한 보완책이나 해결책 :

3 우리 주변에 정치를 통해 누리고 있는 것들을 찾아 써 보세요.

4 대의제에서 투표율을 높여야 하는 이유는 무엇이고 투표율을 높일 수 있는 방법에는 어떤 방법이 있을지 이야기해 보세요.

> 대표자들을 선거로 뽑아서 대신 권력을 행사하는 대의제에서는 국민이 주권을 행사하기가 쉽지 않아요. 가뭄에 콩 나듯이 있는 선거에서 투표하는 것 말고는 국민의 의사를 표현할 방법이 별로 없으니까요. 게다가 투표율마저 점점 떨어지고 있어요.
>
> 본문 56쪽에서

◆ 투표율을 높여야 하는 이유 :

◆ 투표율을 높일 수 있는 방법 :

사금파리 한 조각 1, 2

린다 수 박 글 | 김세현 그림 | 이상희 옮김
서울문화사

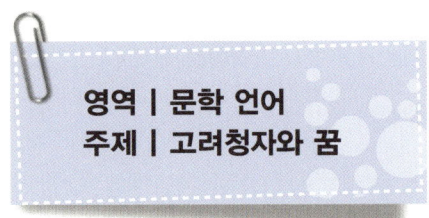

영역 | 문학 언어
주제 | 고려청자와 꿈

1. 고려청자의 아름다움과 도공들의 자부심을 느낄 수 있다.
2. 꿈을 이루기 위해서 얼마나 많은 노력을 기울여야 하는지 알 수 있다.

줄거리

다리가 하나뿐인 두루미 아저씨는 고아인 목이를 혼자 키운다. 어렵게 살아가는 목이는 우연한 기회에 민 영감을 만나게 되고 민 영감에게서 청자 만드는 기술을 힘들게 배우면서 성심성의껏 도와준다. 목이는 스승인 민 영감이 만든 고려청자를 가지고 송도로 길을 떠난다.

도서 선정 이유

『사금파리 한 조각』은 우리 전통의 이야기를 영어로 기술한 작품이다. 작가는 재미 교포이다. 그럼에도 불구하고 고려청자를 만드는 과정과 의미를 치밀하게 보여 주고 있다. 우리의 전통 예술을 눈여겨 볼 필요가 있다.

1 도자기 만드는 순서입니다. (   ) 안에 알맞은 말을 찾아 써 보세요.

> 보기
>
> 겉   유약   재벌구이   가마   반죽   체   건조   소성 제거

(1) 수비
진흙의 불순물을 (①   )로 걸러 물속에 가라앉은 앙금만을 모아 그늘에 말리는 일.

(2) 성형
수비된 흙을 충분히 (②   )하여 도자기의 모양으로 만드는 것.

(3) 시문
도자기 (③   )에 그림을 그리거나 글씨를 쓰는 일.

(4) (④   )
그늘에서 천천히 말리는 일.

(5) 초벌구이
도자기를 (⑤   )에 넣고 처음 굽는 일.

(6) 잡식 처리
도자기에 다시 그림이나 글씨 작업을 한 후 (⑥   )을 입히는 일. 이다음에 표면 건조 단계를 거치는데 이것을 (⑦   )라고 한다.

(7) (⑧   )
초벌구이한 도자기를 다시 굽는 일.

2 아래 빈칸에 알맞은 단어를 써 보세요.

고려청자

중국의 영향을 받아 신라 시대부터 만들어졌다는 설이 있어요. 하지만 (①   )부터 만들었다는 것이 정설이에요. 중국의 청자보다 아름다운 (②   )을 표현한 고려청자는 고려 시대 귀족들의 사랑을 받았어요. 외국의 사신들에게도 선물했다고 해요. 고려 시대 도공들의 도자기 만드는 실력은 조선 시대의 (③   ) 만들기 능력으로 이어졌어요.

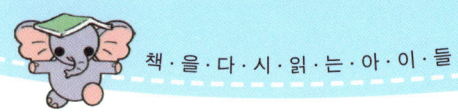

1 등장인물에 대해 알아보면서 아래 글의 빈칸을 채우세요.

- 목이 : 목이버섯에서 이름을 따온 고아 소년입니다.
  (　　　　)와 다리 밑에서 삽니다. (1장 21쪽)
  도공이 되고 싶어 민 영감과 일을 합니다.
  민 영감의 도자기를 가지고 (　　　　)에 가서 전했습니다. (9장 48쪽)

- 두루미 아저씨 : 목이와 같이 사는 아저씨입니다. 어려서부터 목이와 같이
  살았습니다. 목이에게 (　　　　) 같은 분입니다. (1장 21~22쪽)

- 민 영감 : 줄포 마을의 실력 있는 (　　　　)입니다. 하나의 완성된 작품을 만들기 위해
  많은 (　　　　)를 만들었다가 깨뜨려 버리기도 합니다. (1장 27쪽, 1장 29쪽)

- 민 영감의 부인 : 목이에게 따뜻한 도움을 많이 줍니다. 어렸을 때 열병으로 죽은 아들을 생각
  하며 목이에게 (　　　　)이라는 이름을 새로 지어 줍니다. (13장 134쪽)

- 강 영감 : 줄포 마을의 도공입니다. (　　　　)을 처음 생각해 낸 사람입니다.
  하지만 실력이 모자라 아름다운 자기를 만들지는 못했습니다. (13장 150쪽)

2 목이가 민 영감의 일을 돕습니다. 그 계기가 된 사건은 무엇인가요? (2장 41쪽)

3 궁궐의 감도관이 줄포 마을에 와서 궁궐에 납품할 자기를 고릅니다. 누가 어떤 이유로 선택되었나요? (8장 14~15쪽)

4 목이는 민 영감에게 도자기 만드는 것을 배우고 싶다고 말하지만 민 영감은 안 된다고 합니다. 민 영감이 거절하는 이유는 무엇인가요? (8장 29쪽)

5 목이는 민 영감의 자기를 가지고 송도로 갑니다. 가는 동안 어떤 일을 겪었기에 도자기를 가져갈 수 없었나요? (11장 85쪽)

6 송도의 감도관은 목이가 가져온 무엇을 보고 주문 결정을 내렸나요? (12장 112쪽)

1 ㉠, ㉡, ㉢의 뜻을 써 보세요.

> 저 상자를 만드는 데 ㉠ 사흘 걸렸으니까 너는 내 밑에서 ㉡ 아흐레 동안 일해야 ㉢ 보상이 될 거야.
> 본문 2장 47쪽에서

㉠:

㉡:

㉢:

2 아래 글의 ㉠은 앞 문장과는 어떤 관계인가요?

> 한 가지 사실만은 확신할 수 있었다. 왕궁에서 먹는 잔칫날 저녁밥도 지금 자기 앞에 놓인 이 조촐한 음식보다 더 좋을 수는 없다는 사실 말이다. ㉠ 이것은 직접 일해서 번 음식이었다.
> 본문 3장 78쪽에서

3 목이는 민 영감의 청자를 가지고 송도로 갑니다. 목이는 어떤 생각으로 민 영감의 청자를 가지고 갔을까요?

4 목이는 감도관에게 사금파리 한 조각만 보여 주는데, 감도관은 어떻게 청자의 수준을 알 수 있었을까요?

> 목이는 손바닥 둘을 오목하게 모은 채 사금파리를 받쳐들고 앞으로 내밀었다.
> 감도관은 놀란 표정이었지만 순순히 사금파리를 받았다. 세심하게 사금파리를 검사했다. 심지어 조잡한 진흙 테두리를 걷어내어 사금파리 가장자리까지 자세히 들여다보았다.
>
> 본문 12장 112쪽에서

5 도공들은 청자에 조금만 흠이 있어도 사용하지 않고 버립니다. 그 이유는 무엇일까요?

문·해·력·신·장·과·P·S·A·T·맛·보·기

1 아래 글에서 알 수 있는 내용이 <u>아닌</u> 것은?

> '목이'는 죽은 나무나 쓰러진 나무의 썩은 낙엽 속에서 저절로 자라는 '귀처럼 생긴 목이버섯'에서 따온 이름이었다. 두루미 아저씨는 고아한테 썩 잘 어울리는 이름이라고 말했다. 어쩌면 목이한테 다른 이름이 있었는지도 몰랐다. 하지만 목이는 그게 어떤 이름인지, 그런 이름을 붙여 준 가족이 누구인지 기억하지 못했다.
>
> 목이는 아저씨의 이름에 얽힌 이야기를 알고 있었다. "사람들은 내가 이런 다리로 태어난 걸 보고 오래 살기 힘들 거라 여겼지. 나중에 내가 다리 하나만으로 살아가는 걸 보고 사람들은 두루미 같다고 했어. 그런데 두루미는 다리 하나로 설 뿐 아니라, 장수를 상징하는 동물이기도 하거든.
>
> 본문 1장 21~22쪽에서

① 목이는 부모가 없다.
② 두루미 아저씨는 장애인이다.
③ 두루미는 오래 사는 동물이다.
④ 목이의 이름은 두루미 아저씨가 지어 주었다.
⑤ 목이가 성장하는 환경은 썩 좋은 편이 아니다.

2 다음 글 전체의 핵심을 가장 적절하게 표현한 것은?

> 목이는 천천히 허리춤 자루에서 사금파리를 꺼냈다. 말을 잇기 전에 숨을 깊이 들이쉬고는 사금파리를 내려다보았다. 진흙으로 조잡하게 테두리를 감싼 사금파리는 무척이나 이상야릇해 보였다. 하지만 여전히 상감 무늬가 섬세하면서도 투명한 빛을 띠고 있었고, 유약 칠 또한 여전히 곱고 깨끗했다. 사금파리를 바라보자니 목이의 가슴속에서 마지막으로 용기가 용솟음쳤다.
>
> "감도관 나리, 이건 사금파리에 불과합니다. 하지만 이 사금파리가 저희 선생님의 솜씨를 아낌없이 보여주고 있다고 생각합니다."
>
> 목이는 손바닥 둘을 오목하게 모은 채 사금파리를 받쳐들고 앞으로 내밀었다.
>
> 본문 12장 112쪽에서

① 사금파리야말로 군계일학이라고 해야겠지.
② 목이가 사금파리를 꺼낸 일은 천우신조라고 할 수 있어.
③ 진흙으로 감싼 사금파리는 구우일모라는 말이 적당하겠네.
④ 사금파리를 보고 솜씨를 측정하는 일은 소경이 코끼리 만지는 격이 아닐까?
⑤ 사금파리로 솜씨를 알 수 있다면 하나를 보고 열을 아는 것이라고 할 수 있어.

3 아래 글의 제목으로 가장 적절한 것은?

　목이가 이렇게 가까운 거리에서 민 영감의 작품을 바라보기는 처음이었다. 손바닥에 쏙 들어오는 크기의 오리가 보였다. 부리에 작은 구멍이 뚫려 있었다. 그전에 어떤 사람이 그런 오리를 사용하는 걸 본 적이 있었다. 한 화공이 강둑에 앉아서 강물 풍경을 그리고 있었는데, 화공은 오리 부리에서 넓적하고 네모진 돌 위로 한 번에 한 방울씩 물을 떨어뜨린 다음 휘저어서 작업하기에 알맞은 농도의 먹물을 만들었다.

　목이는 민 영감의 오리 작품을 자세히 들여다보았다. 지금도 흐릿한 잿빛 상태이지만, 생김새가 어찌나 정교한지 꽥꽥, 하고 우는 소리가 막 들리는 듯했다. 민 영감이 진흙으로 모양을 빚고, 날개의 곡선과 고개 숙인 모습을 새겨 넣은 것이다. 쬐그만 꼬리가 위로 말려 올라간 것이 여간 당당해 보이지 않아서 목이는 웃음이 나왔다.

　목이는 다음 작품을 감상하려고 오리 연적에서 눈을 뗐다. 줄무늬를 새긴 길쭉한 물주전자는 참외 모양을 본뜬 작품이었다. 줄무늬가 완벽한 대칭을 이루었고, 위에서부터 바닥까지 이르는 곡선은 어찌나 우아한지 부드럽고 가는 홈을 손가락으로 길게 훑어보고 싶은 충동이 일었다. 물주전자 뚜껑에는 참외 줄기와 잎사귀가 솜씨 좋게 새겨져 있었다.

　　　　　　　　　　　　　　　　　　　　　　본문 37~40쪽에서

① 고려청자의 빛깔
② 목이의 감상 능력
③ 알맞은 농도의 먹물
④ 오리 연적과 물주전자
⑤ 생동감 있는 청자의 모양과 빛깔

책·을·내·것·으·로·만·드·는·아·이·들

1 첫 장면에 "어이, 목이야! 오늘도 잘 굶었나?"라는 인사말이 나옵니다. 이것은 "밥은 먹었나?"라는 우리의 인사를 약간 비튼 것입니다. 이런 인사를 하는 이유는 무엇일까요?

2 고려 시대 사람들은 집이 없는 경우가 없다고 했습니다. 부모가 없는 사람은 절에서 스님이 돌봐 주었다고 합니다. 그 이유는 무엇일까요?

3 아주머니는 목이의 점심밥 남은 것에 음식을 더 넣어 저녁까지 먹게 도와주었습니다. 목이는 감사의 표현으로 물을 길어다 주었습니다. 그러나 감사의 말은 하지 않았습니다. 여러분도 목이처럼 행동한 적이 있는지 말해 보세요.

4 두루미 아저씨는 목이에게 다음과 같이 말합니다. 여러분은 두루미 아저씨의 의견에 동의하나요?

> "땅바닥에 떨어진 낟알을 줍는 것은 떳떳한 행동이지만 훔치고 구걸하는 일은 사람을 개나 다름없이 만든다."

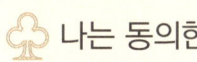 나는 동의한다.

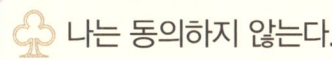 나는 동의하지 않는다.

5 도둑들은 민 영감이 만든 도자기를 필요 없는 물건이라며 계곡 아래로 던져 버립니다. 백성들의 쌀과 왕실의 도자기 중 어느 것이 더 필요한 물건일까요?

> "잘 보란 말야, 안 보여? 이건 궁궐로 보내는 선물로나 쓰이지, 쓸데가 없어! 누가 감히 우리한테서 이런 걸 사겠냐고!"

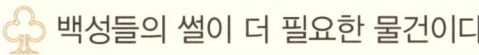 백성들의 쌀이 더 필요한 물건이다.

왕실의 도자기가 더 필요한 물건이다.

 **교재의 특징**

한국인의 독서지도 교재 i 로직아이 샘

박우현 교수와 현장의 교사들이 함께 만든 22권의 독서지도 교재

- 6권의 필독서를 읽고 수업하는 독서지도 교재. 자연스럽게 글쓰기 논술 실력도 늘게 하는 교재
- 5급 공무원 시험인 공직 적성 평가와 법학 전문 대학원 입학시험 형식의 문제 수록

파랑 (서울시 교육감 인정 도서)
(총 1~6단계)

노랑 (교과서 수록 작품)
(총 1~6단계)

초록 (신간 교과서 수록 작품 중심)
(총 1~6단계)

빨강 (스테디 셀러 중심)
(총 1~4단계)

각 단계는 학년을 기준으로 함. (1학년은 1단계, 6학년은 6단계)
빨강 교재만 학년 중첩. (1단계는 1-2학년, 2단계는 2-3학년, 3단계는 4-5학년, 4단계는 5-6학년)

중학생을 위한 독서 논술
로직아이 수 秀 민트&퍼플

교재의 특징

① 엄선한 필독서 2·3권과 한국 근현대 문학 수록
② 다양한 토론, 요약과 정리 문제 수록
③ PSAT와 LEET형식의 문제 수록

글쓰기 논술 쓰마 & 박우현의 요약과 논술 입문 & 기초

1단계 - 1, 2권
글쓰기 논술 기초 교재

2단계 - 1, 2, 3권
글쓰기 논술 발전 교재

3단계 - 1, 2권
글쓰기 논술 심화 교재

Ⅰ. 입문편

Ⅱ. 기초편

교재의 특징

① 쓰마는 과정 중심 글쓰기 논술 교재
② 쓰마는 초등 1학년 부터 6학년 까지
③ 박우현의 요약과 논술은 중등 1학년 부터

---

* (주)로직아이는 독서 지도나 글쓰기 지도를 하고자 하는
  학부모와 선생님들을 위한 교육사업 법인입니다.

  책 속에는 꿈이 있습니다.
  배우겠다는 의지만 있으면 실력은 늘기 마련입니다.

주소 서울특별시 마포구 잔다리로 120 성동빌딩 303호 (서교동) | 전화 02-747-1577 | 팩스 02-747-1599